Et le Reiki rencontra la Lune

Sandrine Lardeux

Et le Reiki rencontra la Lune

24 auto-traitements Reiki pour harmoniser tes vibrations lors des phases lunaires.

© 2024 Sandrine Lardeux

Éditeur : BoD-Books on Demand
Impression : Books on Demand, Norderstedt, Allemagne

Illustration : Sandrine Lardeux

ISBN : 9-782322-522101
Dépôt légal : 06 2024

À propos de l'auteur

Dans le monde du Reiki, il y a des personnes qui ne se contentent pas de pratiquer, mais qui incarnent véritablement les principes de cette discipline. Parmi elles, il y a Sandrine, âme authentique, débordante de sincérité et d'engagement.

Sa rencontre avec le Reiki il y a une décennie fut une révélation pour elle, une réponse providentielle à une période de sa vie marquée par des défis inattendus. À travers le tourbillon d'événements tumultueux tels qu'un divorce, des changements professionnels et personnels majeurs, Sandrine a trouvé une lumière dans l'obscurité grâce au Reiki.

Ce n'était pas simplement une découverte, mais une transformation profonde, lui permettant de trouver, en elle, la force de se montrer telle qu'elle est, réellement, d'affirmer ses désirs et ses convictions, et de prendre des décisions audacieuses pour façonner sa propre destinée.

Portée par l'amour et l'encouragement de ses proches, elle a embrassé résolument le rôle de formatrice en Reiki, alliant ainsi la force de son témoignage et la passion pour cette pratique. Evoluant elle-même au gré des rencontres qu'elle faisait dans sa pratique professionnelle, elle est passée de collaboratrice d'une école de renom à une indépendance assumée, suivant son intuition et répondant aux appels de ceux qui cherchent la lumière.

Aujourd'hui, Sandrine a touché les vies de plus de 2000 personnes de tous pays, de toute culture, de toute religion, partageant avec eux les enseignements et les bénédictions du Reiki. Son parcours est un exemple vivant de transformation et d'inspiration, et son dévouement à aider les autres à trouver leur propre chemin vers la guérison et l'épanouissement est véritablement remarquable.

À travers ses mots et ses actions, elle poursuit son chemin et essaie de progresser à son rythme vers la quintessence du Reiki : l'amour inconditionnel, la guérison holistique et la connexion universelle. Son histoire est celle d'une personne ordinaire devenue extraordinaire grâce à une rencontre profonde avec le Reiki et son désir sincère de partager cette lumière avec le monde entier.

"Regarde la lune. Elle embrasse les ténèbres de la nuit avec la lumière de son être."- Amrita Shah

Table des matières

Introduction au Reiki 15

Reiki et cycles lunaires 21

Signes du zodiaque 23

Lune en Bélier 33

Lune en Taureau 41

Lune en Gémeaux 49

Lune en Cancer 57

Lune en Lion 65

Lune en Vierge 73

Lune en Balance 81

Lune en Scorpion 89

Lune en Sagittaire 97

Lune en Capricorne 105

Lune en Verseau 113

Lune en Poissons 121

Minéraux 129

Eau de Lune 139

Conclusion 143

Préface

La Magie des Auto-traitements Reiki et de la Lune.

Explore les mystères des auto-traitements Reiki et des cycles lunaires dans ce guide unique. Que ces pages t'inspirent à te connecter à ton propre pouvoir de guérison et à embrasser les énergies célestes pour nourrir ton bien-être physique émotionnel et spirituel.

Avant-propos

Cher toi,

Au fil des pages qui suivent, tu découvriras un trésor de sagesse ancienne et de pratiques de guérison modernes. Les auto-traitements Reiki pendant les changements de lune offrent une occasion unique de se connecter avec les énergies célestes et de cultiver un état de bien-être profond. Que ce livret soit un guide précieux dans ton voyage vers la santé, la sérénité et ton développement personnel. Que la lumière de la lune éclaire ton chemin et que le Reiki nourrisse ton âme.

Introduction au Reiki

Bienvenue dans l'univers du Reiki, une méthode de guérison énergétique ancestrale qui cherche à équilibrer ton corps, ton esprit et ton âme. Le Reiki (énergie de vie universelle) est une pratique de guérison naturelle qui trouve ses racines dans les traditions spirituelles orientales.
Le Reiki repose sur le concept selon lequel le praticien peut transmettre l'énergie universelle, ou Ki, par le biais de ses mains.

L'action de cette énergie bienveillante et universelle est de restaurer l'équilibre énergétique de ton corps et de promouvoir la guérison à tous les niveaux : physique, émotionnel, mental et spirituel. Le Reiki est une approche douce qui peut être utilisée en complément de la médecine traditionnelle et d'autres méthodes thérapeutiques. Cependant, il ne doit jamais remplacer un traitement médical !

Je te recommande de prendre le temps de choisir ton praticien, il devra t'accompagner avec bienveillance et ne jamais établir de diagnostic. Peu importe tes difficultés, tu restes maître de ton corps et de tes choix.

Cette technique est ouverte à tous, peu importe leur âge, leur genre, leur religion ou leurs convictions. Le Reiki se caractérise principalement par sa simplicité et son accessibilité universelle. Les avantages du Reiki sont multiples et diversifiés. Outre la promesse d'une relaxation profonde et de la réduction du stress, il peut t'aider à atténuer la douleur, à stimuler ton système immunitaire, à éliminer les toxines, à améliorer ta circulation sanguine et à favoriser un sentiment global de bien-être.

En plus de ses effets bénéfiques sur le corps, le Reiki peut aussi te fournir un soutien précieux sur le plan émotionnel et spirituel. Il peut t'assister dans la libération des obstacles émotionnels, la diminution de l'anxiété et de la dépression, la stimulation de ta clarté mentale, la mise en marche de ton développement personnel et l'éveil de ta conscience spirituelle. Que tu commences à pratiquer la guérison énergétique ou que tu aies déjà acquis une certaine expérience, le Reiki propose une voie vers la guérison, l'épanouissement personnel et l'épanouissement spirituel.

En t'impliquant dans cette pratique ancestrale, tu réaliseras que tu as en toi et autour de toi une source infinie de lumière, d'amour et de guérison.

Les cinq principes du Reiki, également connus sous le nom de "Cinq Idéaux Reiki" ou "Cinq préceptes Reiki", sont les suivants :

Juste pour aujourd'hui

- Je décide d'être heureux(se) de manière permanente et inconditionnelle.

- Je vis ma vie dans le positivisme et l'amour.

- Je suis reconnaissant(e).

- Je vis ma vie honnêtement.

- Je respecte la vie autour de moi sous toutes ses formes.

Ces principes sont des guides spirituels simples qui peuvent être médités ou récités quotidiennement pour favoriser l'équilibre, la paix intérieure et la croissance personnelle. Ils sont fondamentaux dans la pratique du Reiki pour cultiver un état d'esprit harmonieux et compatissant envers soi-même et les autres.[1]

---

[1] Tu pourras trouver des auto-traitements déclinant ces principes sur ma chaîne YouTube www.youtube.com/@lereikidesandrine

La Lune et ton âme

As-tu déjà ressenti la douce caresse de la Lune sur ton âme ?
La danse de l'astre céleste dans l'immensité du ciel exerce une magie sur nous, êtres humains et énergétiques. Donne-moi la possibilité de te faire découvrir les mystères de cette influence incroyable et de te faire ressentir l'harmonie grâce aux enseignements du Reiki. Toi, qui lis ce livre, ouvre ton cœur et accueille la profondeur des phases lunaires.

Changeante comme les saisons, la lune voyage de l'abondance à la rareté, de l'obscurité à la lumière. Elle est en perpétuelle évolution, comme toi, reflétant les différentes phases de transformation que nous traversons tous. Sache que tu es lié à la Lune par des fils d'énergie subtils, connectés à ton être intérieur. À chaque phase de la Lune, ces fils vibrent en harmonie avec son énergie changeante, influençant tes émotions, tes pensées et même ton corps physique.

Quand la Lune est nouvelle, elle se dissimule dans l'obscurité, préparant le terrain à un nouveau cycle de développement. À ce moment, nous sommes conviés à nous plonger dans les profondeurs de notre être, à semer les graines de nos désirs les plus secrets, et à permettre à la transformation intérieure de se produire.

A l'inverse, quand la Lune est pleine, son énergie atteint son maximum, offrant une lumière argentée dans la nuit. Pendant cette période, notre énergie personnelle gagne en force, suscitant en nous des émotions d'accomplissement et de satisfaction. C'est l'occasion parfaite pour exprimer notre gratitude, pour libérer ce qui ne nous est plus utile et pour alimenter nos aspirations les plus profondes.

Reiki et cycles lunaires

Après avoir étudié la danse magique de la Lune et son impact sur nous, nous allons maintenant nous plonger dans l'art du Reiki et sa connexion avec les phases lunaires. Le Reiki, cette ancienne méthode de guérison énergétique, peut nous permettre, entre autres, de nous aligner avec les énergies lunaires en évolution, ce qui renforce notre lien avec l'univers et notre propre nature.

Pendant les périodes de transition lunaire, les portes de l'inobservable s'ouvrent, dévoilant des flux d'énergies subtiles qui traversent le monde. En nous connectant à l'énergie du Reiki, nous nous transformons en canaux conscients de ces vagues cosmiques, ce qui nous permet d'interagir en harmonie avec ces forces universelles, nous permettant d'agir en synergie avec les forces lunaires.

La véritable essence du Reiki réside dans sa capacité à améliorer l'harmonie énergétique, que ce soit dans notre corps physique, nos émotions ou notre âme. Lors des phases lunaires, en pratiquant le Reiki, nous renforçons cette capacité de rééquilibrage, ce qui nous permet de libérer les obstacles énergétiques et d'aligner nos vibrations avec celles de la Lune et de l'univers.

En pleine lune, l'énergie du Reiki joue un rôle puissant en tant que catalyseur, renforçant ainsi la capacité de manifestation et de guérison. En canalisant cette énergie puissante, nous avons la capacité de libérer les tensions accumulées, purifier nos intentions et exprimer nos désirs les plus profonds avec une clarté cristalline.

Au cours de la nouvelle lune, le Reiki nous accompagne dans les profondeurs de l'obscurité intérieure, nous permettant de briser les schémas limitants et de semer les graines de la transformation. Le Reiki nous accompagne pendant cette période de renouveau dans notre processus de libération et de régénération, nous donnant ainsi l'opportunité de faire éclore notre potentiel. Lors des phases lunaires, en pratiquant le Reiki, nous rendons hommage aux cycles naturels de la vie et nous nous harmonisons avec les rythmes de l'univers. Nous nous transformons en cocréateurs conscients de notre réalité, dansant en harmonie avec les étoiles et les planètes, et célébrant la magie infinie de la vie.

Signes du zodiaque

Continuons notre voyage à travers les mystères du reiki et des cycles lunaires, pour toucher à l'essence de l'astrologie, où chaque virage lunaire participe à une séquence magique, dictée par les vibrations propres aux douze signes du zodiaque.

Chaque phase de la Lune est rythmée par les signes du zodiaque, ces archétypes célestes qui influencent nos personnalités. Nous avons la possibilité d'améliorer notre pratique du Reiki en nous accordant aux énergies spécifiques de chaque signe et en intensifiant notre travail de guérison par des auto-traitements adaptés aux différentes phases lunaires.

Lorsque la Lune entre dans des signes d'eau tels que le Cancer, le Scorpion ou les Poissons, nous sommes invités à plonger dans les profondeurs de notre être émotionnel, à guérir nos blessures ancestrales et à cultiver la compassion et l'intuition. Le Reiki devient alors un baume apaisant pour l'âme, nous permettant de naviguer à travers les courants émotionnels tumultueux.

Quand la Lune traverse des signes de feu comme le Bélier, le Lion ou le Sagittaire, l'énergie du Reiki se transforme en un feu ardent, nous poussant à embrasser notre passion, notre courage et notre créativité. En transmettant cette énergie en mouvement, nous pouvons accueillir notre flamme intérieure et exprimer nos aspirations avec une volonté inébranlable.

Cycles lunaires
Influence sur nos émotions et notre bien-être.

À la nouvelle lune, c'est le début d'un nouveau cycle pour toi. C'est le moment de fixer tes intentions pour le mois à venir, marquant ainsi le renouveau et l'introspection.

Lors du premier croissant, avance vers tes objectifs en plantant les graines de tes intentions.

Au premier quartier, tu pourrais rencontrer des obstacles, mais reste concentré(e) sur tes objectifs et fais preuve de créativité.

Pendant la lune gibbeuse croissante, profite de cette période pour apprendre et rester motivé(e), faisant ainsi le point sur tes projets.

À la pleine lune, recherche l'équilibre et la purification, et observe la matérialisation de tes intentions.

La lune gibbeuse décroissante t'invite à abandonner ce qui t'encombre et à te purifier.

Au dernier quartier, libère-toi des schémas négatifs et des contraintes.

Le dernier croissant te convie au pardon et à la guérison, te permettant de laisser partir les blessures du cycle.

Chaque phase lunaire offre une opportunité unique de croissance, de transformation et d'alignement avec les cycles naturels de la vie. En comprenant les significations énergétiques de chaque phase lunaire et en travaillant en harmonie avec elles, nous pouvons cultiver un plus grand bien-être émotionnel, mental et spirituel dans nos vies.

Signe lunaire personnel

Au-delà des cycles lunaires et des signes astrologiques traditionnels, il existe une dimension encore plus intime de notre connexion avec la Lune : notre signe lunaire personnel. Calculé en fonction de notre date de naissance, il met en lumière les nuances de notre nature émotionnelle et nous oriente dans notre cheminement spirituel.

Les émotions profondes qui te guident et les besoins émotionnels qui te nourrissent sont révélés par ton signe lunaire personnel. À titre d'exemple, si ton signe lunaire est en Cancer, il est possible que tu sois extrêmement sensible, protecteur envers ceux que tu aimes, et que tu ressentes un fort besoin de sécurité psychique. En incorporant cette connaissance dans ta pratique du Reiki, tu peux orienter les parties précises de ton être qui ont besoin de guérison et de nourriture émotionnelle, en t'alignant avec les énergies lunaires qui te sont les plus favorables.

En outre, chaque jour la Lune traverse différents signes astrologiques, influençant les énergies que nous ressentons collectivement. Cette énergie lunaire quotidienne peut avoir un impact subtil, mais significatif sur notre humeur, notre vitalité et notre bien-être émotionnel. Par exemple, quand la Lune se trouve en Gémeaux, nous pouvons éprouver une forte volonté de communiquer et de partager des idées, tandis que quand la Lune se trouve en Scorpion, nous pouvons plonger dans les profondeurs de nos émotions et chercher la vérité dissimulée.

En intégrant la connaissance de la Lune dans nos pratiques quotidiennes de Reiki, nous pouvons affiner notre sensibilité énergétique, nous connecter plus profondément avec notre être intérieur et vivre en harmonie avec les rythmes de l'univers.[2]

---

[2] Un simple clic et une recherche pour "calcul de mon signe lunaire" te révéleront ton signe lunaire sur le web.

Auto traitements

Préparer ton auto-traitement

Installation confortable
Dos bien droit sur chaise, lit, canapé, coussin au sol…

Brossage à sec Kenyoku-hô
Technique qui permet de nettoyer sa propre énergie.

Et/ou Méditation
Méditation Gasshô ou autre de ton choix.

Connexion à l'énergie Reiki
Tu peux demander à tes guides de t'accompagner.

Positions des mains selon la phase de la Lune
Minimum 3 minutes par position serait l'idéal.

Tu peux poursuivre par quelques positions intuitives
Écoute ton corps, il te dira où aller.

Termine en position Gasshô
Déconnecte-toi, et exprime de la gratitude pour ce moment que tu t'es accordé.

Hydrate-toi
Il est important de boire de l'eau après un traitement Reiki afin de faciliter l'élimination des toxines.

Bélier

Lune en Bélier

Nouvelle Lune en Bélier

Explorons, pour commencer, les énergies puissantes de la nouvelle lune en Bélier et comment elles peuvent influencer ton être. Cette nouvelle lune apporte une énergie de courage, de passion et de vitalité.

Elle t'encourage à accepter le feu intérieur qui bouillonne en toi, à t'affirmer et à progresser avec confiance vers tes buts et tes aspirations.

Sous son influence, tu es profondément incité(e) à agir audacieusement et à prendre des initiatives. Il est temps de semer les graines de nouvelles orientations, de prendre des risques réfléchis et de mettre en valeur ta véritable nature avec détermination et dynamisme.

D'un point de vue émotionnel, elle peut engendrer des émotions d'enthousiasme, d'impatience et d'impulsion. Tu pourrais ressentir une nécessité pressante de libérer les énergies stagnantes, de rompre les liens du passé et de prendre un nouveau départ avec confiance.

Pour canaliser ces énergies et renforcer ta volonté de commencer quelque chose de nouveau, tu peux entonner ce mantra lors de tes auto-traitements Reiki :

> *" Je suis le symbole de la métamorphose. Grâce à mon courage et ma détermination, je manifeste mes rêves les plus profonds. "*

Résumé

- Ta vitalité, ton courage, ta passion et ton énergie sont mis en avant.
- Tu es incité(e) à exprimer ton feu intérieur et à avancer avec confiance.
- Il est temps d'agir avec audace et de prendre des initiatives.
- Profite de ce moment idéal pour semer les graines de nouveaux projets.
- N'hésite pas à prendre des risques, mais avec réflexion.
- Affiche ta véritable nature avec détermination et dynamisme.
- Attends-toi à ressentir des émotions d'enthousiasme, d'impatience et d'impulsion.
- Libère les énergies stagnantes et romps les liens du passé.
- Encourage une nouvelle aventure avec une confiance renforcée.

Affirmation, audace et libération des énergies stagnantes.

Auto-traitement nouvelle Lune en Bélier

- **Position de l'affirmation :** Installe-toi dans une position relaxante, en gardant la colonne vertébrale alignée, pose tes mains sur tes cuisses, les paumes ouvertes vers le ciel, et visualise l'énergie reiki pénétrant par l'extrémité de tes doigts pour se diffuser à travers tout ton être. Cette position t'aidera à accepter et à renforcer le feu intérieur qui bouillonne en toi, en harmonie avec l'énergie de courage, de passion et de vitalité de la nouvelle lune en Bélier. En canalisant l'énergie Reiki dans cette position, tu renforceras ta détermination à progresser avec confiance vers tes buts et tes aspirations.

- **Position de l'action audacieuse :** Debout, place une main sur ton cœur et l'autre sur ton ventre, juste au niveau de ton nombril. Cette position t'encourage à prendre des initiatives audacieuses et à semer les graines de nouvelles orientations, en accord avec l'énergie de courage et d'initiative de la nouvelle lune en Bélier. En envoyant l'énergie Reiki dans ces zones, tu renforceras ta capacité à agir avec détermination, dynamisme en ayant confiance en l'avenir.

- **Position de la libération des énergies stagnantes :** Allonge-toi sur le dos. Place une main sur ton plexus solaire (juste en dessous de la poitrine) et l'autre sur ton nombril. Cette position t'aidera à libérer les énergies stagnantes, à rompre les liens du passé et à prendre un nouveau départ avec confiance, en harmonie avec l'énergie de renouveau de la nouvelle lune en Bélier. En canalisant l'énergie Reiki dans cette position, tu favoriseras un sentiment de libération et de revitalisation.

Pleine Lune en Bélier

Lors de la pleine lune en Bélier, tu entres dans une phase de récolte et de remerciement, où tu célèbres les fruits de tes efforts et exprimes de la gratitude envers tout ce qui t'a permis d'atteindre tes objectifs. C'est un moment pour honorer tes réalisations, mais aussi pour reconnaître les défis surmontés et les leçons apprises tout au long du chemin.
Dans cette phase, tu es invité(e) à te connecter à ta force intérieure et à exprimer ta gratitude envers toi-même et envers l'univers. Prends un moment pour réfléchir à tout ce que tu as accompli, en reconnaissant ta propre valeur et celle des autres qui ont contribué à ton succès.
Pour honorer cette phase de récolte et de remerciement lors de ton auto-traitement Reiki, voici trois positions, chacune mettant l'accent sur des énergies de gratitude :

- **Position de la gratitude envers soi-même** : Allonge-toi confortablement sur le dos. Place tes mains sur ton cœur. Prends quelques respirations profondes pour te connecter à ta force intérieure. Cette position t'aidera à exprimer ta gratitude envers toi-même pour tout ce que tu as accompli. En canalisant l'énergie Reiki dans cette position, tu renforceras ton estime de toi et ton amour-propre.

- **Position de la gratitude envers les autres** : Assieds-toi confortablement, le dos droit, comme si ta tête était attachée à un ballon rempli d'hélium. Place tes mains en prière devant ton cœur, en positon Gasshô. Prends un moment pour penser aux personnes qui t'ont soutenu(e) et inspiré(e) tout au long de ton chemin. Cette position t'aidera à exprimer ta gratitude envers les autres pour leur soutien et leur présence dans ta vie. En envoyant l'énergie Reiki dans cette position, tu renforceras les liens d'amour et de reconnaissance avec les autres.

- **Position de la gratitude envers l'univers** : Debout, lève les bras vers le ciel, paumes ouvertes vers le haut. Prends quelques instants pour te connecter à l'énergie universelle qui t'entoure. Cette position t'aidera à exprimer ta gratitude envers l'univers pour les bénédictions et les opportunités qu'il t'a offertes. En canalisant l'énergie Reiki dans cette position, tu renforceras ta connexion avec l'énergie universelle et tu te sentiras aligné(e) avec l'abondance de l'univers.

Taureau

Lune en Taureau

Nouvelle Lune en Taureau

Examinons à présent les forces terrestres et nourrissantes de la nouvelle lune en Taureau, qui activent en toi l'énergie de la terre. Cette phase lunaire te renforce dans la présence, la stabilité et l'abondance. La naissance de cette lune te pousse à développer la patience, la persévérance et une connexion profonde avec notre terre-mère, t'offrant ainsi un terrain fertile pour semer les graines de tes aspirations les plus durables.

Cette nouvelle lune t'invite à ralentir, à te connecter à tes sens et à savourer les plaisirs simples de la vie. Il est temps de célébrer ton corps, ta santé et ton bien-être, en cultivant tes racines et en établissant des fondations solides pour l'avenir.

D'un point de vue émotionnel, cette nouvelle lune peut t'apporter une sensation de sécurité, de confort et de joie. Tu pourrais ressentir une forte volonté de créer un cadre harmonieux et stable autour de toi, où tu peux t'épanouir et évoluer en toute sérénité.

Pour transmettre les énergies de cette nouvelle lune en Taureau et exprimer tes souhaits de stabilité, de sécurité et d'abondance lors de ton auto-traitement Reiki, tu peux réciter le mantra ci-dessous :

> *"Je suis profondément ancré(e) dans le sol.*
> *Grâce à ma patience et ma persévérance,*
> *j'incarne la richesse et la stabilité."*

Résumé

- Tu ressens la présence des forces terrestres et nutritives qui apportent stabilité et abondance.

- Tu es encouragé(e) à cultiver la patience, la persévérance et à te connecter avec la terre.

- Il t'est suggéré de ralentir, de te connecter à tes sens et de profiter des plaisirs simples.

- C'est le moment de célébrer ton corps, ta santé et ton bien-être.

- Tu crées mentalement tes racines et établis des bases solides pour l'avenir.

- Tu peux ressentir de la sécurité, du confort et de la joie sur le plan émotionnel.

- Tu ressens le désir de créer un environnement harmonieux et stable pour prospérer en toute tranquillité.

Ancrage, abondance et connexion.
Auto-traitement nouvelle Lune en Taureau

- **Position de l'ancrage terrestre :** Debout, les pieds écartés à la largeur des hanches, fléchis légèrement les genoux pour te sentir solidement ancré(e) au sol. Place tes mains sur tes cuisses. Cette position t'aidera à te connecter à l'énergie terrestre de la nouvelle lune en Taureau, favorisant ainsi la stabilité et l'enracinement. En canalisant l'énergie Reiki dans cette position, tu renforceras ton ancrage et ta présence dans le moment présent.

- **Position réception de l'abondance :** Assieds-toi confortablement sur une chaise ou sur le sol. Place tes mains ouvertes sur tes genoux, paumes vers le ciel. Prends quelques respirations profondes pour te relaxer et te sentir ouvert(e) à recevoir l'abondance de la nouvelle lune en Taureau. Sens l'énergie Reiki remplir tout ton être. Cette position t'aidera à cultiver un état d'esprit réceptif et ouvert à toutes les bénédictions que l'univers a à t'offrir. En envoyant l'énergie Reiki dans cette position, tu favoriseras l'arrivée de l'abondance dans tous les aspects de ta vie.

- **Position de la connexion avec la nature** : Allonge-toi confortablement sur le sol. Place tes mains sur ton cœur et sur ton nombril. Prends un moment pour ressentir la terre sous toi et le ciel au-dessus de toi, si tu le peux, pratique en extérieur, sinon laisse ton imagination prendre les rênes. Cette position t'aidera à te connecter profondément à notre terre-mère et à ressentir son soutien et son amour inconditionnel. En canalisant l'énergie Reiki dans cette position, tu renforceras ta connexion avec la nature et tu te sentiras nourri(e) et soutenu(e) par elle.

Ces positions t'aideront à harmoniser ton énergie avec celle de la nouvelle lune en Taureau, favorisant ainsi la stabilité, la sécurité et l'abondance dans ta vie.

Pour t'aider, tu peux associer cet auto-traitement à des sons de nature, chants d'oiseaux, court d'eau, etc…

Pleine Lune en Taureau

Dans cette phase, tu es invité(e) à prendre conscience de la valeur des choses simples et tangibles qui enrichissent ton quotidien. Que ce soit la nourriture qui nourrit ton corps, le confort de ton foyer, ou les relations solides qui t'apportent soutien et affection, prends le temps de reconnaître et d'apprécier la richesse présente dans ta vie. Prends également conscience de ton propre potentiel à créer de la stabilité et de la sécurité dans ta vie. Reconnais tes compétences et ta capacité à manifester tes désirs dans le monde matériel, tout en restant enraciné(e) dans tes valeurs et tes principes.

Pour honorer cette phase de stabilité et d'abondance voici trois positions qui mettent l'accent sur l'énergie de l'enracinement et de la gratitude :

- **Position de l'ancrage et de la stabilité :** Debout, les pieds bien ancrés dans le sol. Prends quelques instants pour ressentir la stabilité de la terre sous tes pieds. Place tes mains sur ton ventre pour ressentir l'énergie de la terre-mère, une main sur le nombril, et l'autre en dessous. Visualise tes racines s'enfonçant profondément dans le sol, te reliant à la force et à la stabilité de la Terre. En canalisant l'énergie Reiki dans cette position, tu renforceras ton ancrage et ta connexion à la terre, te permettant de te sentir en sécurité et soutenu(e) dans toutes tes entreprises.

- **Position de la revitalisation et de la régénération :** Assis(e) confortablement, ferme les yeux et prends quelques respirations profondes pour te centrer. Place tes mains sur ton cœur et sur ton ventre, au niveau de ton nombril, pour recevoir l'énergie universelle. Visualise cette énergie pure et lumineuse remplissant tout ton être, te revitalisant et te régénérant sur tous les plans - physique, émotionnel, mental et spirituel. En canalisant l'énergie Reiki dans cette position, tu renforceras ton énergie vitale et te sentiras plus équilibré(e) et revitalisé(e).

- **Position de l'expression de l'énergie créatrice :** Debout ou assis(e), lève les bras vers le ciel en formant un V au-dessus de ta tête, paumes ouvertes vers le haut. Visualise-toi recevant les bénédictions de la lune en Taureau, te remplissant de son énergie fertile et créatrice. Respire profondément et laisse cette énergie couler à travers toi, t'inspirant et te guidant dans tes projets et aspirations.

Gémeaux

Lune en Gémeaux

Nouvelle Lune en Gémeaux

La nouvelle lune en Gémeaux arrive, c'est une période où tu vas ressentir la joie de vivre au sein ton foyer, de la positivité, de la spontanéité, de la sociabilité, de la joie, tu auras envie de sourire. L'amusement, la légèreté et le détachement sont à l'honneur.

Tu te trouves au cœur d'une phase qui te pousse à célébrer la vie et à t'épanouir dans ton environnement familial. C'est un moment pour apprécier les petits plaisirs de la vie, pour sourire à chaque instant et pour profiter de la compagnie de tes proches.

Dans cette période, tu es invité(e) à la spontanéité et à la sociabilité, à sortir de ta coquille et à t'ouvrir au monde qui t'entoure. Laisse-toi porter par la joie et l'amusement, et n'hésite pas à partager ces moments de légèreté avec ceux que tu aimes :

> *"Je suis prêt(e) à explorer de nouveaux horizons avec curiosité et clarté.*
> *Je partage ma vérité avec le monde."*

Résumé

- La nouvelle lune en Gémeaux met en avant la joie de vivre au sein de ton foyer, la positivité et la spontanéité.

- C'est un moment idéal pour apprécier les petits plaisirs de la vie et sourire à chaque instant.

- Tu es encouragé(e) à t'épanouir dans ton environnement familial et à profiter de la compagnie de tes proches.

- Invite la sociabilité et la légèreté dans ta vie en sortant de ta coquille et en t'ouvrant au monde qui t'entoure.

- Laisse-toi porter par la joie et l'amusement, et partage ces moments de légèreté avec ceux que tu aimes.

La joie de vivre, la positivité et la légèreté.

Auto-traitement nouvelle Lune en Gémeaux

- **Position de l'ouverture et de la connexion sociale :** Assis(e) confortablement, ferme les yeux et prends quelques respirations profondes pour te détendre. Place tes mains sur tes genoux, paumes vers le ciel, pour accueillir l'énergie universelle. Visualise un cercle de lumière joyeuse et positive autour de toi, représentant ta connexion avec tes proches et le monde qui t'entoure. Respire cette énergie de joie et de spontanéité, te remplissant de légèreté et de bonne humeur.

- **Position du sourire intérieur :** Reste assis(e) confortablement, les mains toujours posées sur les genoux. Visualise un doux sourire se former sur ton visage, reflétant la joie et la gratitude que tu ressens pour la vie. Laisse ce sourire rayonner à l'intérieur de toi, illuminant chaque cellule de ton être avec sa lumière bienveillante. Respire profondément et laisse cette sensation de bonheur et de légèreté t'envahir.

- **Position de l'expression spontanée :** Debout, lève les bras vers le ciel en formant un arc de cercle au-dessus de ta tête, paumes ouvertes vers le haut. Visualise-toi dansant librement sous la lumière de la lune en Gémeaux, exprimant ta joie et ta spontanéité sans retenue. Si tu en as l'envie, laisse ton corps bouger au rythme de ta propre musique intérieure, en laissant aller toutes les inhibitions et en te laissant emporter par le moment présent.

Pleine Lune en Gémeaux

Dans cette phase, tu es encouragé(e) à exprimer librement tes pensées et tes émotions, tout en restant ouvert(e) à la possibilité d'apprendre et de grandir grâce aux interactions avec les autres. C'est une période propice pour échanger des idées, partager des connaissances et établir des liens intellectuels et émotionnels enrichissants.

Prends un moment pour réfléchir à la manière dont tu communiques avec les autres et à la qualité de tes interactions. Sois conscient(e) de l'importance de l'écoute active et de l'empathie dans tes échanges, et cherche à créer des connexions authentiques et significatives avec ceux qui t'entourent.

Pour honorer cette phase de communication et de connexion pendant ton auto-traitement Reiki, voici trois positions qui mettent l'accent sur l'énergie de la communication et de la connexion :

- **Position de l'écoute active et de la connexion mentale :** Assis(e) confortablement, ferme les yeux et prends quelques respirations profondes pour te centrer. Place tes mains sur tes genoux, paumes vers l'extérieur, en signe d'ouverture à la communication. Visualise un fil de lumière reliant ton esprit à celui des autres, favorisant une connexion mentale profonde et une écoute active. Respire cette énergie de communication claire et sincère, te remplissant de curiosité et de compréhension envers les autres.

- **Position de l'échange d'idées :** Reste assis(e) confortablement, tes mains toujours posées sur les genoux. Visualise un tourbillon d'énergie créative et intellectuelle circulant autour de toi, représentant la diversité des idées et des perspectives. Ouvre-toi à cette richesse d'idées en respirant profondément et en te laissant imprégner par cette énergie vibrante. Sens-toi prêt(e) à partager tes propres idées avec clarté et conviction, tout en restant ouvert(e) aux contributions des autres.

- **Position de la légèreté et de l'enthousiasme** : Debout, lève les bras vers le ciel en formant un arc de cercle au-dessus de ta tête, paumes ouvertes vers le haut. Visualise-toi sous la lumière de la pleine lune en Gémeaux, entouré(e) d'une aura de légèreté et d'enthousiasme. Laisse cette énergie joyeuse et communicative t'envahir, te remplissant de joie et d'enthousiasme pour la vie. Respire profondément et laisse-toi emporter par cette vague de positivité et de connexion avec les autres.

Cancer

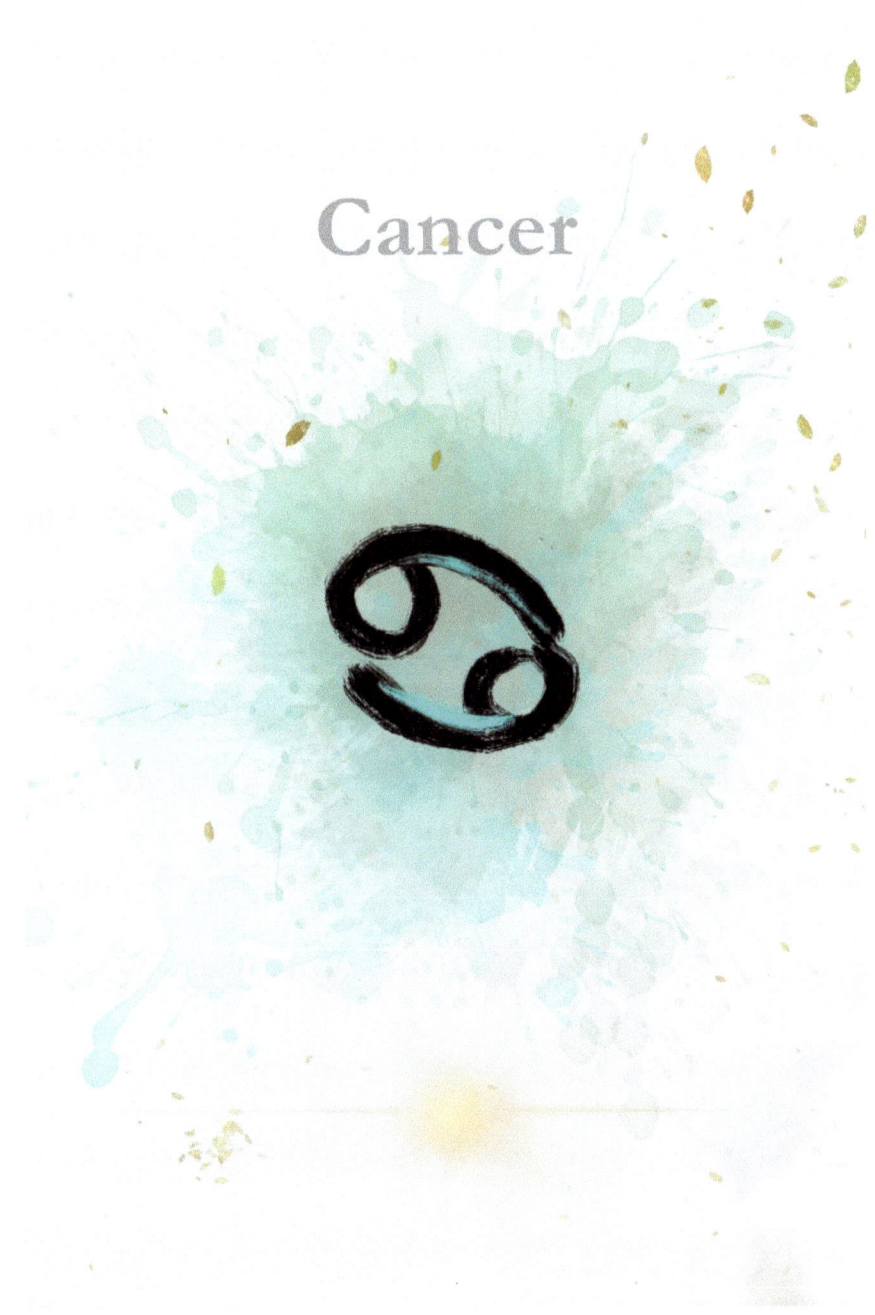

Lune en Cancer

Nouvelle Lune en Cancer

Maintenant, plonge dans les énergies douces et protectrices de la nouvelle lune en Cancer, où tu peux incarner la douceur, la bienveillance et l'intuition. L'étreinte chaleureuse de cette nouvelle lune t'invite à te connecter avec ton univers intérieur, à honorer tes émotions et à cultiver un sentiment de sécurité et de bien-être. Grâce à l'influence de la nouvelle lune en Cancer, tu es encouragé(e) à prendre soin de ton esprit, à nourrir tes besoins émotionnels et à respecter tes origines familiales et culturelles. C'est le moment de valoriser ton foyer, ta famille et tes proches, en tissant des liens profonds et significatifs qui te soutiennent dans ton cheminement. Sur le plan émotionnel, cette nouvelle lune peut t'apporter une sensation de sensibilité, d'intuition et de bonté. Tu pourrais ressentir le besoin de te retirer dans ton cocon intérieur, de te reposer et de te ressourcer, en prenant soin de tes besoins émotionnels et de ton bien-être. Pour guider les énergies de cette nouvelle lune en Cancer et exprimer ton désir de guérison émotionnelle et de connexion profonde, tu peux réciter le mantra suivant lors de tes auto-traitements Reiki :

> *"Je suis profondément ancré(e) avec douceur en moi-même.*
> *Je nourris mon âme avec amour et compassion, je développe des liens profonds avec ceux qui m'entourent."*

Résumé

- Accueille les énergies douces et nourrissantes qui encouragent la bienveillance, l'intuition et la guérison émotionnelle en toi.

- Permets-toi d'établir une connexion avec ton monde intérieur, en respectant tes émotions et en cultivant un sentiment de sécurité et de bien-être.

- Prends soin de ton esprit et de tes besoins émotionnels, et honore tes racines familiales et culturelles.

- Valorise ta maison, ta famille et tes proches en créant des liens profonds et significatifs.

- Sois attentif(ve) à la sensibilité, à l'intuition et à la bonté émotionnelle qui peuvent émerger en toi. Prends le temps de te retirer dans ton cocon intérieur, de te reposer et de te ressourcer.

La douceur, la bienveillance et l'intuition.
Auto-traitement nouvelle Lune en Cancer

- **Position de l'étreinte chaleureuse :** Assis(e) ou allongé(e) confortablement, place tes mains sur ton cœur, paumes ouvertes et légèrement enfoncées dans ta poitrine. Visualise une douce lumière blanche émanant de tes mains, enveloppant ton cœur dans une étreinte chaleureuse et protectrice. Respire profondément cette énergie réconfortante et apaisante, permettant à toute tension ou anxiété de se dissoudre, te laissant bercé(e) par un sentiment de sécurité et de bien-être.

- **Position de la connexion avec ton univers intérieur :** Reste dans la même position, en maintenant tes mains sur ton cœur. Ferme les yeux et plonge profondément à l'intérieur de toi-même, en explorant les profondeurs de ton être. Permets-toi d'écouter attentivement tes émotions et ton intuition, en te connectant avec ta sagesse intérieure. Respire cette connexion profonde avec ton univers intérieur, te remplissant de clarté et de compréhension de tes besoins émotionnels les plus profonds.

- **Position du lien avec ta famille et tes proches :** En gardant toujours tes mains sur ton cœur, visualise ta famille et tes proches autour de toi, formant un cercle de soutien et d'amour. Ressens la force de ces liens familiaux et/ou amicaux qui te nourrissent et te soutiennent dans ton cheminement. Permets-toi de ressentir leur présence bienveillante et aimante, t'entourant d'un cocon protecteur de douceur et de tendresse. Respire cette énergie de connexion profonde avec ceux qui te sont chers, te remplissant de gratitude et de reconnaissance pour leur soutien inconditionnel.

Pleine Lune en Cancer

Cette période t'invite à plonger dans la sensibilité et la compassion, ainsi qu'à t'immerger dans une connexion émotionnelle profonde. Exprime ta reconnaissance envers cette abondance d'émotions et de relations significatives qui t'entourent.

Honore tes émotions et accueille-les avec gratitude, en écoutant attentivement ton intuition qui te guide vers la guérison et la croissance. Crée un espace sacré où tu prends soin de toi, célébrant tes racines familiales et culturelles tout en tissant des liens profonds avec tes proches. Tout en étant bercé par cet état de gratitude, il se pourrait que ta sensibilité s'intensifie, que ton intuition s'aiguise et que tu éprouves le besoin de te sentir en sécurité et consolé.

Pour canaliser ces énergies lumineuses et manifester ton désir de guérison émotionnelle et de connexion profonde, laisse-toi guider par les trois positions Reiki suivantes :

- **Position de l'ancrage et de la sécurité** : Assis(e) ou allongé(e) confortablement, place tes mains sur ton ventre, paumes ouvertes et en contact avec ta peau. Visualise des racines profondes s'enfonçant dans la terre depuis ton sacrum, t'ancrant solidement et t'offrant un sentiment de sécurité et de stabilité. Respire cette énergie d'ancrage et de sécurité, te permettant de te sentir enraciné(e) et protégé(e) au sein de ton propre être.

- **Position de la guérison émotionnelle** : Maintiens tes mains sur ton ventre, mais cette fois, concentre-toi sur la zone de ton plexus solaire, au niveau de ton estomac. Visualise une douce lumière jaune émanant de tes mains, enveloppant ton plexus solaire dans une aura de guérison et de réconfort. Respire profondément cette énergie de guérison, permettant à toute tension ou douleur émotionnelle de se dissoudre, te laissant rempli(e) de calme et de paix intérieure.

- **Position de la connexion avec tes proches :** Reste dans la même position, mais cette fois, visualise tes proches autour de toi, formant un cercle de soutien et d'amour. Ressens la chaleur de leur présence bienveillante et aimante, t'enveloppant dans une étreinte chaleureuse et réconfortante. Permets-toi de ressentir leur soutien inconditionnel, te remplissant de gratitude et de reconnaissance pour les relations profondes et significatives dans ta vie.

Lion

Lune en Lion

Nouvelle Lune en Lion

Plongeons maintenant dans les énergies ardentes et inspirantes de la nouvelle lune en Lion, où tu es invité(e) à rayonner de ta propre lumière et à exprimer ta véritable identité avec confiance et détermination. Cette nouvelle lune illumine le ciel nocturne de son éclat royal, t'incitant à embrasser ton authenticité et ta créativité.

Sous l'influence de cette nouvelle lune, tu es encouragé(e) à honorer ta spécificité, et à saisir les opportunités qui se présentent à toi. C'est le moment idéal pour extérioriser ta personnalité, pour réaliser tes ambitions et pour découvrir ton but profond avec audace et enthousiasme.

Sur le plan émotionnel, cette nouvelle lune peut t'inspirer et renforcer ta confiance en toi, te donnant le désir ardent d'exprimer ta vérité la plus authentique. Tu ressentiras peut-être un puissant appel à partager tes talents uniques avec le monde, en assumant pleinement ton pouvoir intérieur et en embrassant ta place sur la scène de la vie.

Pour harmoniser ces énergies et manifester ton désir d'expression créative et de confiance en toi, tu peux utiliser le mantra suivant pendant tes auto-traitements Reiki :

> *"Je suis le feu de la passion.*
>
> *Avec détermination, je rayonne de ma propre lumière et je motive les autres à le faire également."*

Résumé

- Énergies ardentes et inspirantes de la nouvelle lune en Lion.

- Invitation à rayonner de ton propre éclat et à exprimer ta véritable identité.

- Honore ta spécificité et cultive la confiance en toi.

- Saisis les opportunités qui se présentent à toi avec détermination.

- Moment idéal pour extérioriser ta personnalité et réaliser tes ambitions.

- Découvre ton but profond avec audace et enthousiasme.

- Renforcement de la confiance en toi et désir d'exprimer ta vérité la plus authentique.

- Puissant appel à partager tes talents uniques avec le monde.

L'expression de soi, la confiance et le rayonnement de ton propre éclat.

Auto-traitement nouvelle Lune en Lion

- **Position de l'affirmation de soi** : Debout ou assis(e) confortablement, place tes mains sur ton plexus solaire, au niveau de ton estomac, paumes ouvertes et dirigées vers l'extérieur. Visualise un feu intérieur brûlant au sein de ton être, symbolisant ta force intérieure et ta confiance en toi. Ressens cette énergie de puissance et d'affirmation, te permettant de rayonner ta véritable identité avec assurance et détermination.

- **Position de l'expression créative** : Maintiens tes mains au niveau de ton cœur, paumes ouvertes et dirigées vers toi cette fois. Visualise un flux d'énergie créative jaillissant de ton cœur, se propageant dans tout ton être et débordant dans le monde qui t'entoure. Respire cette énergie d'expression créative, te permettant de libérer ton potentiel artistique et de partager tes talents uniques avec confiance et enthousiasme.

- **Position du rayonnement de ton éclat** : Reste dans la même position, mais cette fois, lève tes mains vers le ciel, paumes ouvertes et dirigées vers l'extérieur. Visualise un rayonnement lumineux émanant de ton être, illuminant l'univers de ta présence éclatante. Ressens cette énergie de rayonnement et d'expansion, te permettant d'embrasser pleinement ta place sur la scène de la vie et de briller de ta propre lumière.

Pleine Lune en Lion

Dans cette phase, tu es appelé(e) à te connecter à ta force intérieure et à libérer le lion qui sommeille en toi. C'est le moment idéal pour exprimer ton individualité de manière authentique, pour suivre tes passions avec courage et détermination, et pour inspirer les autres par ton exemple.

Prends le temps de reconnaître tes talents uniques et les dons spéciaux que tu apportes au monde. Permets-toi de briller sans retenue et de partager ta lumière avec ceux qui t'entourent. N'aie pas peur de te tenir debout et de revendiquer ta place sur l'estrade de ta propre vie.

Pour honorer cette phase d'expression et de rayonnement lors de ton auto-traitement Reiki, voici trois positions qui mettent l'accent sur l'énergie du courage et de l'authenticité :

- **Position de l'affirmation de soi majestueuse** : Debout avec assurance, lève tes mains vers le ciel, paumes ouvertes et dirigées vers l'univers. Visualise un rayonnement de lumière dorée jaillissant de ton être, symbolisant ta force intérieure et ta confiance en toi. Ressens cette énergie puissante d'affirmation de soi, te permettant d'occuper fièrement ton espace dans le tourbillon de la vie et d'exprimer ta véritable essence avec passion et fierté.

- **Position de la célébration de la singularité** : Garde tes mains levées vers le ciel, mais cette fois, écarte-les légèrement sur les côtés, formant ainsi une posture de célébration et d'ouverture. Visualise un cercle de lumière éclatante autour de toi, représentant ta singularité et ta brillance uniques. Ressens cette énergie de célébration, te permettant de libérer ta créativité et de briller de ta propre lumière, inspirant les autres à faire de même avec leur propre essence unique.

- **Position de la révélation de la véritable essence** : Abaisse lentement tes mains vers le bas, en les plaçant sur ton plexus solaire, au niveau de ton estomac, paumes ouvertes et dirigées vers toi. Visualise un feu intérieur brûlant au sein de ton être, symbolisant ta véritable essence et ta passion intérieure. Ressens cette énergie ardente de révélation, te permettant de manifester pleinement ta vérité et de laisser éclater ta lumière intérieure avec confiance et détermination.

Vierge

Lune en Vierge

Nouvelle Lune en Vierge

Sous l'influence de la nouvelle lune en Vierge, tu es encouragé(e) à affiner ta conscience et à anticiper avec calme et sérénité l'avenir. Cette période est propice à la gestion méticuleuse de ta vie, à l'organisation de tes rituels de soins personnels et à la planification de ton futur.

C'est le moment parfait pour examiner de manière critique et constructive ta vie, en te posant des questions sur ce qui est essentiel pour ton bien-être physique, émotionnel et spirituel. Tu es invité(e) à te concentrer sur les pratiques enrichissantes qui contribuent à ta santé physique et mentale.

Sur le plan émotionnel, la nouvelle lune en Vierge peut te procurer une sensation de purification intérieure et de clarté mentale. Tu ressens peut-être le besoin de te débarrasser de ce qui ne te convient plus, en t'engageant dans des pratiques de nettoyage et de renouvellement personnel.

Pour canaliser les énergies de la nouvelle lune en Vierge et exprimer ton désir de clarté et de purification, tu peux utiliser le mantra suivant pendant tes auto-traitements Reiki :

> "Je me sens nettoyé(e) de l'intérieur.
> Grâce à mon dévouement et ma vigilance, je développe la clarté mentale et je nourris mon être avec amour et bienveillance."

Résumé

- Energies terre-à-terre et pragmatiques.

- Encouragement à développer la clarté mentale, la purification intérieure.

- Ordre et précision : focalise-toi sur des pratiques nourrissantes pour le corps, l'esprit et l'âme.

- Organisation de ta vie : élimine le superflu, concentre-toi sur le bien-être physique, émotionnel et spirituel.

- Purification intérieure, clarté mentale, volonté de supprimer ce qui ne convient plus.

- Pratiques de purification, nettoyage, renouvellement.

La clarté, la purification et la planification pour ton bien-être physique, émotionnel et spirituel.

Auto-traitement nouvelle Lune en Vierge

- **Position de l'ancrage et de la clarté mentale** : Assieds-toi confortablement, les mains posées sur tes genoux, paumes vers le ciel. Ferme les yeux et prends quelques respirations profondes pour te centrer. Visualise des racines s'étendant profondément dans la terre, t'ancrant fermement dans le présent. Ressens cette stabilité et cette clarté mentale qui émane de ton centre, te permettant de te connecter pleinement avec l'énergie purificatrice de la nouvelle lune en Vierge.

- **Position de la purification et du renouvellement** : Lève doucement tes mains vers le ciel, paumes ouvertes vers le haut, comme si tu recevais les bénédictions de l'univers. Visualise une lumière blanche et brillante qui descend du ciel et t'enveloppe complètement, nettoyant toutes les impuretés et les blocages émotionnels. Ressens cette énergie de purification qui te traverse, te libérant de tout ce qui ne te sert plus et te préparant pour un renouveau personnel.

- **Position de la planification et de la vision future** : Ramène lentement tes mains vers ton cœur, paumes contre ta poitrine, en t'ancrant dans l'énergie de ton centre émotionnel. Visualise un tableau blanc devant toi, représentant ton avenir et les possibilités infinies qui s'offrent à toi. Prends quelques instants pour réfléchir à tes objectifs et à tes aspirations, puis visualise-toi les atteindre avec confiance et détermination. Ressens cette énergie de planification et de vision future qui émane de ton cœur, te guidant vers une vie remplie de clarté, de purification et de succès.

Pleine Lune en Vierge

Sous l'influence de la pleine lune en Vierge, tu es encouragé(e) à examiner attentivement ta vie quotidienne, à éliminer le superflu et à te concentrer sur ce qui est essentiel pour ton équilibre intérieur. C'est le moment parfait pour réorganiser tes routines, purifier ton environnement et t'investir dans des activités qui favorisent ton bien-être. Sur le plan émotionnel, cette pleine lune peut t'apporter un sentiment de satisfaction et de réussite lorsque tu prends soin de toi et de ton entourage avec soin et attention. Tu pourrais ressentir un fort désir de t'engager dans des pratiques qui te procurent un sentiment de sérénité et de clarté mentale, t'aidant ainsi à cultiver la gratitude et l'harmonie au quotidien. Pour cette phase lunaire, voici un auto-traitement Reiki en trois positions qui te permettra de te connecter pleinement avec les énergies de la pleine lune en Vierge, renforçant ainsi ta détermination, ta productivité et ta force mentale :

- **Position de l'enracinement et de la détermination** : Allonge-toi confortablement sur le dos, les bras le long du corps, les paumes tournées vers le ciel. Prends quelques respirations profondes pour te détendre. Visualise des racines puissantes s'enfonçant profondément dans la terre depuis le bas de tes pieds, t'ancrant fermement dans le sol. Ressens la force et la détermination de ces racines qui soutiennent ton être tout entier, te donnant la stabilité nécessaire pour relever tous les défis avec confiance et résolution.

- **Position de la purification et de la clarté mentale** : Place tes mains sur ton front, les paumes légèrement au-dessus de tes sourcils, les doigts pointant vers le haut. Imagine un flux d'énergie blanche et lumineuse traversant tes mains et pénétrant doucement dans ton esprit. Ressens cette énergie purificatrice nettoyer ton mental de toute confusion, apportant une clarté et une lucidité totales à tes pensées. Visualise-toi libéré(e) de tout brouillard mental, prêt(e) à aborder chaque situation avec une compréhension profonde et une vision claire de tes objectifs.

- **Position de la productivité et de l'harmonie intérieure** : Place une main sur ton ventre, sur ton nombril, et l'autre sur ton cœur. Respire profondément dans cette position, en laissant l'énergie du Reiki remplir tout ton être. Visualise un équilibre parfait entre ton esprit et ton corps, te donnant la force et l'énergie nécessaires pour accomplir toutes tes tâches avec efficacité et tranquillité d'esprit. Ressens une profonde harmonie intérieure et une confiance totale en ta capacité à gérer toutes les situations qui se présentent à toi.

Balance

Lune en Balance

Nouvelle Lune en Balance

Sous les auspices de la nouvelle lune dans le signe de la Balance, tu es appelé(e) à rechercher l'harmonie et l'équilibre dans tous les aspects de ta vie. Cette période t'invite à trouver la paix intérieure et à cultiver des relations équilibrées et harmonieuses avec ceux qui t'entourent.

C'est le moment idéal pour évaluer la manière dont tu interagis avec ton environnement social et pour ajuster les déséquilibres éventuels dans tes relations. Prends le temps de réfléchir à la manière dont tu peux contribuer à créer un environnement plus harmonieux et équitable pour toi-même et les autres.

Sur le plan émotionnel, la nouvelle lune en Balance peut t'inspirer à trouver un terrain d'entente entre tes besoins personnels et ceux des autres. Tu pourrais ressentir le désir de mettre fin aux conflits et de favoriser la coopération et la compréhension mutuelle.

Pour canaliser les énergies de la nouvelle lune en Balance et exprimer ton désir d'harmonie et d'équilibre, tu peux utiliser le mantra suivant pendant tes moments de méditation :

> *"Je trouve l'équilibre en moi et autour de moi."*

Résumé

- Laisse-toi envelopper par des énergies équilibrées et harmonieuses.

- Maintiens la sérénité intérieure et mets en valeur tes liens, tout en admirant la splendeur de la vie.

- Explore la possibilité de retrouver l'harmonie dans ta vie intérieure et extérieure.

- Recherche activement l'équilibre et l'harmonie dans tous les aspects de ta vie.

- Prends le temps de méditer sur tes liens et de cultiver la sérénité intérieure.

- Cherche l'équilibre entre le yin et le yang en toi, fais des choix justes, et accepte la douceur de la vie avec bienveillance.

- Ressens le besoin profond de trouver la sérénité intérieure et l'équilibre dans tes relations.

- Cultive la compassion, la coopération et la diplomatie dans tes interactions avec autrui.

Stabilité financière, rééquilibrage, compassion.

Auto-traitement Reiki nouvelle Lune en Balance

- **Position de l'ancrage et de la stabilité financière** : Assis(e) confortablement sur une chaise ou sur le sol, place tes mains sur tes genoux, paumes vers le haut. Ferme les yeux et concentre-toi sur ta respiration. Visualise des racines profondes s'enfonçant dans le sol depuis le bas de ta colonne vertébrale, t'ancrant solidement dans la terre. Ressens la stabilité et la sécurité que cela procure, notamment sur le plan financier. Laisse l'énergie du Reiki t'apporter un sentiment de confiance et de calme par rapport à tes finances, te permettant ainsi de naviguer avec assurance dans tes décisions financières.

- **Position du rééquilibrage des énergies yin et yang** : Allonge-toi confortablement sur le dos, les bras le long du corps, paumes vers le haut. Prends quelques respirations profondes pour détendre ton corps et ton esprit. Place une main sur ton ventre, juste en dessous de ton nombril, et l'autre sur ton cœur. Visualise un flux d'énergie équilibré circulant entre ces deux points, harmonisant ainsi les énergies yin et yang en toi. Ressens l'équilibre et l'harmonie qui émanent de cette connexion, te permettant d'atteindre un état de tranquillité intérieure et d'acceptation bienveillante de la vie telle qu'elle est.

- **Position de la compassion et de la coopération relationnelle** : Assis(e) confortablement en tailleur ou sur une chaise, place tes mains en position de prière devant ton cœur, paumes pressées l'une contre l'autre. Prends quelques instants pour te connecter avec ton cœur et ressentir l'amour et la compassion qui y résident. Ensuite, visualise une lumière douce et chaleureuse émanant de ton cœur et s'étendant vers l'extérieur, enveloppant tous ceux qui t'entourent dans un cocon de bienveillance et d'harmonie. Ressens la connexion profonde que tu partages avec les autres et l'importance de cultiver des relations basées sur la coopération, la compréhension et le respect mutuel.

Pleine Lune en Balance

Cette phase lunaire t'invite à éliminer les distractions superflues et à te concentrer sur ce qui est vraiment important pour ton équilibre intérieur. Prends le temps de réorganiser tes routines quotidiennes, de purifier ton environnement et de t'engager dans des activités qui nourrissent ton âme.

Sur le plan émotionnel, la pleine lune en Balance peut t'apporter un profond sentiment de satisfaction et d'accomplissement lorsque tu réorganises certains aspects de ton quotidien. Tu pourrais ressentir un fort désir de t'engager dans des pratiques qui favorisent la clarté mentale et la sérénité.

Pour cette phase lunaire, voici un auto-traitement Reiki en trois positions qui te permettra de te connecter pleinement avec les énergies de la pleine lune en Balance, renforçant ainsi ta détermination, ta productivité et ton équilibre.

Position de l'Équilibre Intérieur : Assieds-toi confortablement, les jambes croisées ou sur une chaise, le dos droit. Place tes mains sur tes genoux, paumes vers le haut. Ferme les yeux et prends quelques instants pour respirer profondément, en te concentrant sur l'énergie de la pleine lune en Balance. Visualise un flux d'énergie harmonieuse qui circule à travers tout ton être, rétablissant l'équilibre intérieur entre tes polarités féminines et masculines. Laisse cette énergie du Reiki t'apporter un profond sentiment de calme et d'harmonie.

- **Position de la Connexion Mutuelle :** Assieds-toi en face d'un miroir, maintiens un contact visuel doux et bienveillant avec ton propre reflet. Prends quelques instants pour respirer profondément, en te connectant à l'énergie de la pleine lune en Balance. Place tes mains sur ton cœur et ton ventre, ressentant l'équilibre et l'harmonie en toi. Pratique une écoute attentive envers toi-même, en te concentrant pleinement sur tes pensées, émotions et besoins. Laisse l'énergie du Reiki circuler à travers toi, favorisant la compréhension mutuelle, l'amour-propre et la connexion profonde avec ton être intérieur.

Position de Gratitude : Assieds-toi confortablement et prends quelques instants pour respirer profondément. Visualise une bulle de gratitude rayonnant tout autour de toi, élevant ton esprit. Place une main sur ton cœur et l'autre sur ton ventre, ressentant la chaleur de cette gratitude qui remplit chaque fibre de ton être. Prends conscience de toutes les bénédictions présentes dans ta vie, grandes et petites, et laisse cet amour et cette reconnaissance émaner de toi vers l'univers. Exprime cette gratitude sincère envers toi-même et envers tout ce qui t'entoure. Laisse l'énergie du Reiki intensifier ce sentiment, amplifiant ta connexion avec la vie et renforçant ta paix intérieure.

Scorpion

Lune en Scorpion

Nouvelle Lune en Scorpion

Sous l'influence de la nouvelle lune en Scorpion, tu ressens le besoin de plonger au plus profond de toi-même, d'explorer tes émotions les plus intenses et de te libérer de tout ce qui te retient. C'est le moment parfait pour entreprendre un voyage de guérison profonde, pour dissoudre les obstacles énergétiques et pour permettre à ta véritable essence de rayonner à nouveau.

Sur le plan émotionnel, cette nouvelle lune peut t'amener à réfléchir profondément, à libérer des émotions enfouies et à évoluer intérieurement. Tu ressens un fort désir de te débarrasser des schémas de comportement obsolètes, des relations toxiques et des émotions refoulées, en ouvrant la voie à la guérison et à ton développement personnel.

Pour diriger les énergies de cette nouvelle lune en Scorpion et manifester ton désir de transformation et de renouveau, tu peux réciter le mantra suivant pendant tes auto-traitements Reiki :

"Je suis en train de me métamorphoser.

Grâce à mon courage et ma détermination, je retire tout ce qui ne me convient plus et je m'ouvre à la guérison et au changement."

Résumé

- Tu es encouragé(e) à plonger dans les profondeurs de ton être, à libérer ce qui ne te convient plus.

- L'invitation est lancée pour découvrir les vérités cachées, guérir les blessures du passé.

- Incite-toi à émerger renouvelé(e) et transformé(e).

- Explore tes émotions les plus profondes, libère les obstacles énergétiques.

- Pratique la guérison émotionnelle, laisse ta véritable essence briller à nouveau.

- Plonge dans une réflexion profonde, libère tes émotions, évolue intérieurement.

- Désire te défaire de vieux schémas, de relations toxiques, de sentiments refoulés.

- Ouvre-toi à la guérison et au développement personnel.

Purification, connexion, alignement.

Auto-traitement nouvelle Lune en Scorpion

- **Position de la purification énergétique :** Assieds-toi confortablement, les pieds à plat sur le sol et le dos droit. Place tes mains sur tes genoux, paumes vers le ciel, et ferme doucement les yeux. Visualise une lumière blanche et brillante qui descend du cosmos et pénètre ton être par le sommet de ta tête. Ressens cette lumière purifier chaque cellule de ton corps, dissolvant les énergies négatives et les tensions accumulées. Permets à cette lumière de nettoyer également ton champ énergétique, libérant tout ce qui ne te sert plus.

- **Position de la connexion avec l'inconscient :** Allonge-toi confortablement sur le dos, les bras le long du corps, et les jambes légèrement écartées. Place tes mains sur ton ventre, paumes contre toi, juste en dessous du nombril. Concentre-toi sur ta respiration, en observant le mouvement de ton ventre qui se soulève et s'abaisse. Visualise-toi plongeant dans les profondeurs de ton inconscient, explorant les mystères et les vérités cachées. Laisse-toi guider par les messages et les intuitions qui émergent de cet espace, sachant que tu es en sécurité et soutenu(e) par l'énergie du Reiki.

- **Position de l'ancrage et de l'alignement terrestre :** Debout, les pieds légèrement écartés et solidement ancrés dans le sol. Place tes mains devant toi, paumes tournées l'une vers l'autre à quelques centimètres l'une de l'autre. Visualise des racines puissantes qui s'étendent depuis la plante de tes pieds, pénétrant profondément dans la terre. Ressens la force et la stabilité de la terre qui remonte à travers ces racines, te connectant fermement à la terre-mère. Laisse cette énergie terrestre monter à travers tes jambes, purifiant et réalignant ton corps énergétique.

Pleine Lune en Scorpion

Plonge-toi dans les profondeurs de ton être en cette période de pleine lune en Scorpion. Explore tes désirs les plus profonds et libère toute énergie stagnante ou toxique. C'est un moment pour exprimer ta gratitude, contrairement à la nouvelle lune où tu sèmes des intentions. L'éclat mystérieux de cette pleine lune illumine le ciel nocturne, t'incitant à découvrir les aspects les plus profonds de ton esprit et à te libérer de ce qui te retient.
Pour faire circuler les énergies de cette pleine lune en Scorpion et exprimer ta volonté de transformation et de libération, essaie les positions Reiki suivantes :

.

- **Position de la méditation pour la libération émotionnelle**
  Installe-toi confortablement, le dos droit et les mains posées sur tes genoux ou ton ventre. Ferme les yeux et concentre-toi sur ta respiration, permettant à chaque souffle d'apporter la lumière et la guérison à chaque partie de ton être. Laisse l'énergie du Reiki pénétrer profondément en toi, dissolvant les blocages émotionnels et te libérant de tout ce qui te retient.

- **Position de l'expression émotionnelle :** Assis(e) ou debout, prends quelques instants pour te connecter à tes émotions les plus profondes. Laisse-les s'exprimer librement, sans jugement ni retenue. Utilise tes mains pour libérer l'énergie stagnante en les agitant doucement autour de toi. Visualise chaque émotion négative se transformant en lumière dorée et s'élevant vers le ciel, libérant ainsi de l'espace pour la guérison et le renouveau.

- **Position de l'intégration et de la transformation :** Allonge-toi confortablement, les bras le long du corps, et permets à ton corps de se détendre complètement. Visualise-toi enveloppé(e) dans un cocon de lumière dorée, symbole de transformation et de régénération. Respire profondément et laisse l'énergie du Reiki circuler librement à travers tout ton être, intégrant les leçons apprises et te préparant à émerger comme une version plus forte et plus authentique de toi-même.

Sagittaire

Lune en Sagittaire

Nouvelle Lune en Sagittaire

Tourne ton attention vers la quête spirituelle et la protection offertes par la nouvelle lune en Sagittaire. Cette période est un catalyseur pour oser l'aventure, pour découvrir de vastes terrains inexplorés et pour ouvrir grand l'éventail de tes pensées. Dans l'obscurité de la nuit, son rayonnement chaleureux t'encourage à t'élancer avec passion dans l'espace inexploré et à célébrer les plaisirs de l'errance.

En Sagittaire, laisse-toi inspirer à élargir tes horizons, à sortir de ta zone de confort et à embrasser l'aventure avec fougue et optimisme. C'est le moment parfait pour découvrir de nouveaux territoires, élargir tes perspectives et te laisser porter vers de nouveaux horizons qui enrichissent ta vie et nourrissent ta passion pour l'existence.

Sur le plan émotionnel, ressens ce fort désir de liberté et d'expansion que la nouvelle lune en Sagittaire éveille en toi. L'envie de savoir, de faire des découvertes et d'explorer de nouveaux horizons peut être intense. Permets-toi de t'immerger dans l'inconnu, de te laisser guider par la curiosité et d'ouvrir ton cœur à de nouvelles opportunités qui enrichissent ton existence.

Pour canaliser les énergies de la nouvelle lune en Sagittaire et exprimer ta soif d'aventure et d'expansion, entonne le mantra suivant lors de tes auto-traitements Reiki :

> *"Je suis l'explorateur de ma propre existence. Je me lance avec enthousiasme et confiance dans l'inconnu et je suis ouvert à la liberté de l'exploration."*

Résumé

- Tu ressens des énergies expansives et optimistes.

- Tu es motivé(e) à prendre l'aventure, à découvrir de nouveaux horizons et à élargir tes perspectives.

- Il est temps de sortir de ta zone de confort, à vivre l'aventure avec optimisme et confiance.

- C'est une opportunité favorable pour découvrir de nouvelles régions et élargir tes perspectives.

- Ouvre-toi à de nouvelles expériences qui favorisent ton développement personnel.

Quête, expansion de conscience, expression.

Auto-traitement nouvelle Lune en Sagittaire

- **Position de la quête spirituelle** : installe-toi confortablement dans une position assise ou allongée. Place tes mains sur ton chakra du cœur, paumes vers toi, en te concentrant sur l'ouverture de ton cœur à l'exploration spirituelle. Respire profondément et imagine une lumière blanche émanant de ton chakra du cœur, symbolisant la pureté et la connexion spirituelle. Ressens cette lumière remplir ton être, t'insufflant un profond sentiment de paix et d'ouverture à la sagesse universelle.

- **Position de l'expansion de la conscience** : maintiens tes mains sur ton chakra du cœur et déplace ton attention vers ton chakra du troisième œil, situé entre tes sourcils, visualise une lumière violette éclatante émanant de lui, symbolisant l'expansion de ta conscience. Imagine-toi explorer les vastes horizons de l'univers, libérant ton esprit des limites terrestres et te connectant à la sagesse cosmique. Ressens une expansion de ta conscience et une profonde compréhension de l'interconnexion de toute chose.

- **Position de l'ancrage et de l'expression :** déplace tes mains vers ton chakra racine, situé à la base de ta colonne vertébrale. Visualise des racines puissantes s'enfonçant profondément dans la terre. Ressens la stabilité et la sécurité que procurent ces racines, t'ancrant fermement à la terre tout en te permettant de t'élever spirituellement. Exprime mentalement ou à voix haute tes intentions d'explorer et d'exprimer ta spiritualité avec courage et détermination.

Pleine Lune en Sagittaire

Tu t'immerges dans une phase de gratitude et de célébration. C'est un moment privilégié pour reconnaître et exprimer ta reconnaissance envers tout ce qui t'a permis de progresser et d'évoluer dans ta vie.

Cette phase lunaire t'invite à regarder en arrière et à réfléchir aux nombreux voyages, tant intérieurs qu'extérieurs, que tu as entrepris. C'est l'occasion de remercier les enseignements que tu as reçus, les défis que tu as surmontés et les opportunités qui se sont présentées à toi.

Prends le temps de célébrer tes réussites, grandes et petites, et de reconnaître ton éveil personnel que tu as connue tout au long de ton parcours. Exprime ta gratitude envers toi-même pour ta force, ta résilience et ta détermination à poursuivre tes aspirations.

Pour cette phase de remerciement, tu peux pratiquer un auto-traitement Reiki en trois positions spécialement conçues pour honorer cette pleine Lune.

- **Position de l'Arc tendu vers l'horizon** : Assis(e) confortablement, place tes mains sur ton ventre, paumes vers l'extérieur, avec les doigts se touchant au niveau de ton nombril. Imagine-toi comme un arc tendu vers l'horizon, prêt(e) à libérer ta flèche vers de nouveaux horizons, très loin, et avec puissance. Cette position te connecte avec l'énergie expansive de la pleine lune en Sagittaire, t'encourageant à te tourner vers l'avenir avec confiance et détermination.

- **Position de la flèche vers le ciel** : Debout, étends tes bras vers le ciel, les paumes ouvertes vers le haut. Visualise-toi comme une flèche tirée vers le ciel étoilé, symbolisant ta quête de vérité et d'exploration pendant cette période de pleine lune en Sagittaire. Cette position t'aligne avec les énergies cosmiques et te permet de recevoir les bénédictions de l'univers, renforçant ainsi ton optimisme et ton désir d'expansion.

- **Position de l'horizon lointain** : Allongé(e) sur le dos, étends tes bras et tes jambes sur les côtés, formant une étoile. Imagine-toi regardant vers l'horizon lointain, où de nouvelles aventures t'attendent. Cette position t'invite à te relaxer et à te laisser porter par les énergies de la pleine lune en Sagittaire, te permettant ainsi de te connecter avec ta quête intérieure et de nourrir ton désir d'aventure et de découverte.

Capricorne

Lune en Capricorne

Nouvelle Lune en Capricorne

Cultive en silence ton intériorité, en prenant le temps de te reposer et de dormir, tout en te donnant l'opportunité de réfléchir à tes actions sages et à attendre patiemment. Laisse-toi motiver à établir des bases solides, à travailler avec persévérance envers tes objectifs et à exprimer tes aspirations les plus élevées dans le monde matériel. Cette nouvelle lune illumine le ciel, t'incitant à respecter ta responsabilité, à cultiver la discipline et à travailler avec dévouement pour réaliser tes rêves les plus ambitieux.

En ce qui concerne tes émotions, la nouvelle lune en Capricorne peut engendrer en toi un profond besoin de stabilité et de sécurité, ainsi qu'un engagement renouvelé envers tes intentions et tes aspirations. Ressens le désir de prendre en main ta destinée, de surmonter les obstacles avec courage et détermination, et de réaliser tes aspirations dans le monde matériel de manière intense.

Afin de guider les énergies de cette nouvelle lune dans le signe du Capricorne et exprimer ton souhait de stabilité et de réussite, je te propose le mantra suivant :

> *"J'ai le pouvoir de construire ma propre existence. En faisant preuve de discipline et de détermination, je construis des fondations solides pour l'avenir, et je manifeste mes hautes aspirations dans le domaine matériel."*

Résumé

- Cultive en silence ton intériorité.

- Laisse-toi motiver à établir des bases solides, à travailler avec persévérance tes objectifs et à exprimer tes aspirations les plus élevées dans le monde matériel.

- C'est le moment idéal pour assumer tes obligations, pour faire preuve de discipline et de détermination, et pour progresser avec confiance vers tes objectifs les plus élevés.

- Ressens le profond besoin de stabilité et de sécurité que la nouvelle lune en Capricorne peut éveiller en toi, ainsi que l'engagement renouvelé envers tes intentions et tes aspirations.

- Exprime le désir de prendre en main ta destinée, de surmonter les obstacles avec courage et détermination, et de réaliser tes aspirations dans le monde matériel de manière intense.

Détermination, pouvoir, aspirations.

Auto-traitement nouvelle Lune en Capricorne

- **Position de l'ancrage** : Assis(e) confortablement, place tes mains sur tes genoux, paumes vers le bas. Cette position t'aide à t'enraciner profondément dans la terre, te connectant ainsi avec les énergies stables et ambitieuses de la nouvelle lune en Capricorne. En envoyant l'énergie Reiki dans cette position, tu renforces ton ancrage et ta détermination à établir des bases solides pour l'avenir.

- **Position du plexus solaire** : Allongé(e) sur le dos, place tes mains sur ton plexus solaire, juste au-dessus de ton nombril, paumes contre toi. Cette position te permet de stimuler ton centre de pouvoir personnel, te donnant ainsi la confiance et la détermination nécessaires pour poursuivre tes objectifs avec persévérance pendant cette période de nouvelle lune en Capricorne. En nourrissant ton plexus solaire avec l'énergie Reiki, tu te connectes avec ton potentiel de réussite et d'accomplissement.

- **Position de la tête** : Assis(e) ou allongé(e) confortablement, place tes mains sur ta tête, paumes vers le haut. Cette position t'aide à calmer ton esprit et à te concentrer sur tes objectifs pendant la nouvelle lune en Capricorne. En envoyant l'énergie Reiki dans cette zone, tu libères les tensions mentales et émotionnelles, te permettant ainsi de prendre des décisions sages et réfléchies pour avancer avec confiance vers tes aspirations les plus élevées.

Pleine Lune en Capricorne

Sous l'influence de la pleine lune en Capricorne, tu entres dans une phase de réalisation et d'accomplissement. C'est un moment pour reconnaître et célébrer les efforts que tu as déployés pour atteindre tes objectifs et concrétiser tes ambitions.

Cette phase lunaire t'invite à prendre conscience de tes responsabilités et de ton engagement envers toi-même et envers tes aspirations. C'est le moment de faire un bilan de tes réalisations et de reconnaître le chemin parcouru depuis tes débuts.

Prends le temps de célébrer tes succès, même les plus modestes, et de te féliciter pour ta persévérance et ta détermination. Exprime ta gratitude envers les personnes qui t'ont soutenu(e) et inspiré(e) tout au long de ton parcours, ainsi qu'envers toi-même pour ta résilience et ton engagement envers tes rêves.

Pour cette phase de réalisation, tu peux pratiquer un auto-traitement Reiki en trois positions spécialement conçues pour honorer cette énergie d'accomplissement et de reconnaissance :

- **Position de l'Enracinement** : Assis(e) confortablement, pose tes mains sur tes genoux avec les paumes contre toi. Cette position t'aide à t'enraciner profondément dans la terre, te connectant avec les énergies stables et résolues de la pleine lune en Capricorne. En renforçant ton ancrage, tu te sens plus stable et confiant(e) pour assumer tes responsabilités et travailler avec détermination vers tes objectifs.

- **Position du Cœur et du Plexus solaire** : Allongé(e) sur le dos, place une main sur ton cœur et l'autre sur ton plexus solaire (au-dessus de ton nombril). Cette position équilibre ton centre émotionnel (le cœur) avec ton centre de pouvoir personnel (le plexus solaire), t'aidant à exprimer tes aspirations les plus élevées avec confiance et détermination pendant cette période de pleine lune en Capricorne.

- **Position de la Tête et du Troisième œil** : Assis(e) ou allongé(e), place une main sur le sommet de ta tête et l'autre entre tes sourcils (sur le troisième œil). Cette position favorise la clarté mentale et la vision intérieure, te permettant de prendre des décisions éclairées et de suivre la voie qui te mène vers la réalisation de tes rêves les plus ambitieux.

Verseau

Lune en Verseau

Nouvelle Lune en Verseau

Explorons à présent les énergies révolutionnaires et novatrices de la nouvelle lune en Verseau, et leur influence sur ta capacité à accepter ta singularité, à développer ton originalité et à travailler pour un monde meilleur, plus équitable et plus harmonieux.

Tu es incité(e), sous l'influence de cette nouvelle lune en Verseau, à penser de façon innovante, à accepter ta singularité et à t'impliquer dans des actions qui contribuent au progrès collectif. C'est un moment idéal pour développer ta créativité, pour découvrir de nouvelles idées et pour participer à la modification positive de ton environnement.

Sur le plan émotionnel, cette nouvelle lune peut engendrer en toi un profond désir de liberté et d'autonomie, ainsi qu'une volonté de construire un avenir plus brillant et plus juste pour tous. Tu peux ressentir une forte volonté de t'engager dans des causes qui te sont chères, de faire entendre ta voix de manière authentique et de tisser des liens significatifs avec autrui.

Afin de guider les énergies de cette nouvelle lune en Verseau et d'exprimer ta volonté de progresser et de contribuer à la société, récite le mantra suivant lors de tes auto-traitements Reiki :

> *"Je suis un acteur(rice) de transformation positive. En étant créatif(ve) et compatissant(e), je participe à la construction d'un monde meilleur pour tous."*

Résumé

- Explore les énergies révolutionnaires et novatrices qui t'animent.

- Laisse-toi inciter à accepter ta singularité, à développer ton originalité et à travailler pour un monde meilleur.

- Adopte une pensée innovante, et participe au progrès collectif.

- Cultive ta créativité, découvre de nouvelles idées et contribue à la modification positive de ton environnement.

- Ressens ce profond désir de liberté et d'autonomie émotionnelle.

- Manifeste ta volonté de construire un avenir plus brillant et plus juste pour tous.

Libération, acceptation, nouvelles idées.

Auto-traitement de la nouvelle Lune en Verseau

- **Position de la libération des conventions** : Assis(e) confortablement, place tes mains sur tes genoux, paumes vers le haut. Cette position t'invite à te libérer des conventions sociales et des limitations mentales, en accord avec l'énergie révolutionnaire de la nouvelle lune en Verseau. En envoyant l'énergie Reiki dans cette position, tu favorises l'ouverture d'esprit et la liberté d'expression.

- **Position du chakra du cœur** : Allongé(e) sur le dos, place tes mains sur ton cœur, paumes contre toi. Cette position stimule le chakra du cœur, favorisant l'acceptation de ta singularité et de celle des autres, en harmonie avec l'énergie humanitaire et empathique du Verseau. En envoyant l'énergie Reiki dans cette zone, tu renforces les liens affectifs et encourage la compassion envers toi-même et les autres.

- **Position de l'expansion de la conscience** : Assis(e) ou allongé(e), place une main sur ton front (au niveau du troisième œil) et l'autre sur le sommet de ta tête. Cette position favorise l'expansion de ta conscience et l'accès à de nouvelles idées et perspectives, en accord avec l'énergie novatrice et intellectuelle du Verseau. En envoyant l'énergie Reiki dans ces zones, tu facilites l'ouverture à de nouvelles connaissances et la connexion avec ton intuition.

Pleine Lune en Verseau

Cette phase est une invitation à célébrer pleinement ta singularité, à exprimer ta véritable essence avec audace et confiance.
L'énergie de cette pleine lune t'encourage à te connecter profondément avec ta créativité et ton originalité. C'est le moment de briser les chaînes des conventions sociales, de laisser derrière toi les attentes extérieures, et de plonger sans réserve dans le flot de ton être authentique.
Prends le temps de célébrer non seulement ta propre différence, mais aussi celle de chaque être qui croise ton chemin. Exprime ta gratitude envers les idées innovantes, les perspectives uniques et la diversité qui enrichissent notre monde de manière inestimable.
Dans cette phase de libération et d'ouverture vers de nouveaux possibles, tu peux pratiquer un auto-traitement Reiki en trois positions spécialement conçues pour honorer cette énergie de créativité et d'exploration :

- **Position de la connexion universelle :** Assieds-toi confortablement avec ton dos bien droit, les mains posées sur tes genoux, paumes vers le ciel. Cette position t'invite à te connecter avec l'énergie universelle qui t'entoure, en harmonie avec l'essence cosmique de la pleine lune en Verseau. En canalisant le Reiki dans cette posture, tu renforces ta connexion spirituelle et ressens l'unité avec tout ce qui est.

• **Position de l'équilibre intérieur :**
Debout, les pieds légèrement écartés, place une main sur ton ventre et l'autre sur ton dos, juste en dessous de ton cou. Cette position favorise l'alignement et l'harmonisation de tes énergies intérieures, en accord avec l'équilibre recherché pendant la pleine lune en Verseau. En dirigeant l'énergie Reiki dans ces zones, tu établis un état de calme et de stabilité intérieure.

• **Position de l'expression authentique :** Assis(e) en tailleur, pose tes mains sur ta gorge, paumes vers le haut. Cette position encourage l'expression sincère de ta vérité intérieure et de ta voix unique, en résonance avec l'énergie de libération de la pleine lune en Verseau. En envoyant le Reiki dans cette zone, tu libères les blocages qui pourraient entraver ta communication authentique et ton expression créative.

Poissons

Lune en Poissons

Nouvelle Lune en Poissons

Plonge maintenant dans les énergies de la nouvelle lune en Poissons, et laisse leur influence te guider vers une connexion plus intense avec ta spiritualité, ta compassion et ton ouverture à l'amour inconditionnel. Cette nouvelle lune illumine le ciel, t'invitant à explorer les profondeurs de ton être intérieur, à écouter ton intuition et à accueillir la vérité de ton âme.

Elle t'incite à te rapprocher de ta nature spirituelle, à valoriser ta sensibilité et à développer un sentiment de compassion envers toi-même et envers autrui. C'est le moment idéal pour te consacrer à la méditation, pour laisser derrière toi les tensions et les préoccupations du quotidien, et pour ouvrir ton cœur à l'amour universel.

Sur le plan émotionnel, cette nouvelle lune en Poissons peut éveiller en toi un profond désir de sérénité et de guérison émotionnelle, ainsi qu'une volonté de te connecter aux aspects spirituels de ton être. Tu pourrais ressentir un appel puissant à plonger dans ton univers intérieur, à écouter attentivement et à t'aligner avec la sagesse de ton âme. Pour canaliser les énergies de cette nouvelle lune, tu peux utiliser le mantra suivant :

> *"Je suis une source de lumière et d'affection.*
> *En exprimant de la compassion et de la gratitude, je me relie*
> *à la sagesse de mon âme et je reçois l'amour sans*
> *conditions."*

Résumé

- Explore les énergies intuitives et compassionnelles qui t'animent.

- Connecte-toi avec ta spiritualité, ta compassion et l'amour inconditionnel.

- Accueille l'éclat doux et apaisant de la lune qui t'invite à plonger dans les profondeurs de ton être intérieur.

- Écoute ton intuition et accepte la vérité de ton âme.

- Rapproche-toi de ta nature spirituelle et valorise ta sensibilité.

- Cultive un sentiment de compassion envers toi-même et envers autrui.

- Profite de cette occasion idéale pour méditer, relâcher les tensions et ouvrir ton cœur à l'amour universel.

- Laisse naître en toi un profond désir de sérénité et de guérison émotionnelle.

- Manifeste ta volonté de te connecter aux aspects spirituels de ton être.

Ouverture, écoute, alignement.

Auto-traitement nouvelle Lune en Poissons

- **Position de l'ouverture du cœur** : Allongé(e) sur le dos, place une main sur ton cœur et l'autre sur ton ventre. Cette position permet d'ouvrir ton cœur à l'amour inconditionnel et à la compassion, en harmonie avec l'énergie douce et apaisante de la nouvelle lune en Poissons. En envoyant l'énergie Reiki dans cette zone, tu favorises la guérison émotionnelle et l'acceptation de toi-même et des autres.

- **Position de l'écoute intérieure** : Assis(e) confortablement, place tes mains sur tes genoux, paumes vers le haut. Cette position t'invite à plonger dans les profondeurs de ton être et à écouter ton intuition. En envoyant l'énergie Reiki dans cette position, tu renforces ta connexion avec ta sagesse intérieure et ta guidance spirituelle.

- **Position de l'alignement avec ton âme** : Debout, place une main sur ton front (au niveau du troisième œil) et l'autre sur ton cœur. Cette position favorise l'alignement avec la sagesse de ton âme et l'écoute de sa vérité, en harmonie avec l'invitation à accepter la vérité de ton âme de la nouvelle lune en Poissons. En envoyant l'énergie Reiki dans ces zones, tu renforces ton intuition et ton alignement avec ta véritable essence.

Pleine Lune en Poissons

Sous la douce lumière de la pleine lune en Poissons, tu plonges dans une phase de connexion profonde avec ton moi intérieur et avec l'univers qui t'entoure. C'est un moment pour écouter attentivement les murmures de ton âme et pour t'abandonner à la sagesse intuitive qui réside en toi.

Cette phase lunaire t'invite à te connecter avec ton monde intérieur, à explorer les profondeurs de ton être et à honorer tes émotions les plus profondes. C'est le moment de te laisser porter par le flux de la vie et de te reconnecter avec la compassion universelle qui réside en toi.

Prends le temps de méditer, de contempler et de te relier à la source de toute création. Exprime ta gratitude envers l'univers pour les cadeaux qu'il t'offre et pour les leçons qu'il te donne à travers chaque expérience.

Pour cette phase de connexion, tu peux pratiquer un auto-traitement Reiki en trois positions spécialement conçues pour honorer cette énergie d'ouverture du cœur et de connexion avec le divin :

- **Position de l'ouverture du cœur** : Allonge-toi confortablement sur le dos. Place tes mains sur ton cœur, paumes contre toi. Cette position t'aidera à ouvrir ton cœur à la sensibilité et à l'amour inconditionnel, en harmonie avec l'énergie douce et mystique de la pleine lune en Poissons. En canalisant l'énergie Reiki dans cette zone, tu favoriseras la guérison émotionnelle et l'acceptation de ta propre sensibilité.

- **Position de l'écoute intérieure** : Assieds-toi confortablement avec le dos droit. Place tes mains sur tes genoux, paumes vers le haut. Cette position t'invite à plonger profondément en toi-même, à écouter ton intuition et à explorer ton monde intérieur. En envoyant l'énergie Reiki dans cette position, tu renforceras ta connexion avec ton intuition et ta guidance intérieure.

- **Position de l'inspiration créative** : Debout, place une main sur ton front (au niveau du troisième œil) et l'autre sur le sommet de ta tête. Cette position favorise l'ouverture à l'inspiration et à la créativité. En canalisant l'énergie Reiki dans ces zones, tu encourageras le flux d'idées et la manifestation de tes rêves les plus profonds.

Minéraux

Minéraux

Intégrer les minéraux dans tes auto-traitements peut vraiment enrichir l'expérience du Reiki. Par exemple, il est possible d'employer des cristaux tels que l'améthyste pour purifier ton énergie ou du quartz rose afin de t'entourer d'affection.

Les minéraux et le Reiki se marient parfaitement. Lorsque l'énergie du Reiki est associée aux vibrations spéciales des minéraux, telles que la tourmaline noire pour te protéger ou la shungite pour t'ancrer, cela génère une synergie incroyable qui te procure du bien-être.

Selon tes besoins, tu as la possibilité de sélectionner tes cristaux. Par exemple, pour obtenir une stabilité émotionnelle accrue, il est possible d'opter pour lapis-lazuli, ou si tu souhaites stimuler ton esprit, essaye la fluorite.

Les minéraux peuvent également contribuer à rassembler tes pensées. Si tu souhaites attirer davantage d'abondance, tu peux utiliser une citrine, ou pour avoir une meilleure clarté mentale, essaye la sodalite. Cela t'aide à te focaliser sur ce que tu souhaites atteindre.
De plus, les cristaux ont la capacité de t'apporter un soutien émotionnel et spirituel. En cas de difficulté, il est possible de se tourner vers l'obsidienne pour faire face à

tes peurs, ou si tu souhaites retrouver confiance en toi, tu peux utiliser la cornaline.

Pour maintenir un équilibre énergétique optimal, il n'y a rien de mieux que des pierres telles que le jaspe rouge pour t'ancrer, ou le grenat pour gagner en vitalité. Cela contribue à maintenir un équilibre optimal et à te sentir au meilleur de ta forme.

En résumé, l'intégration des cristaux dans ta pratique Reiki peut réellement enrichir ton expérience et te procurer un soutien dans tous les domaines de ta vie.

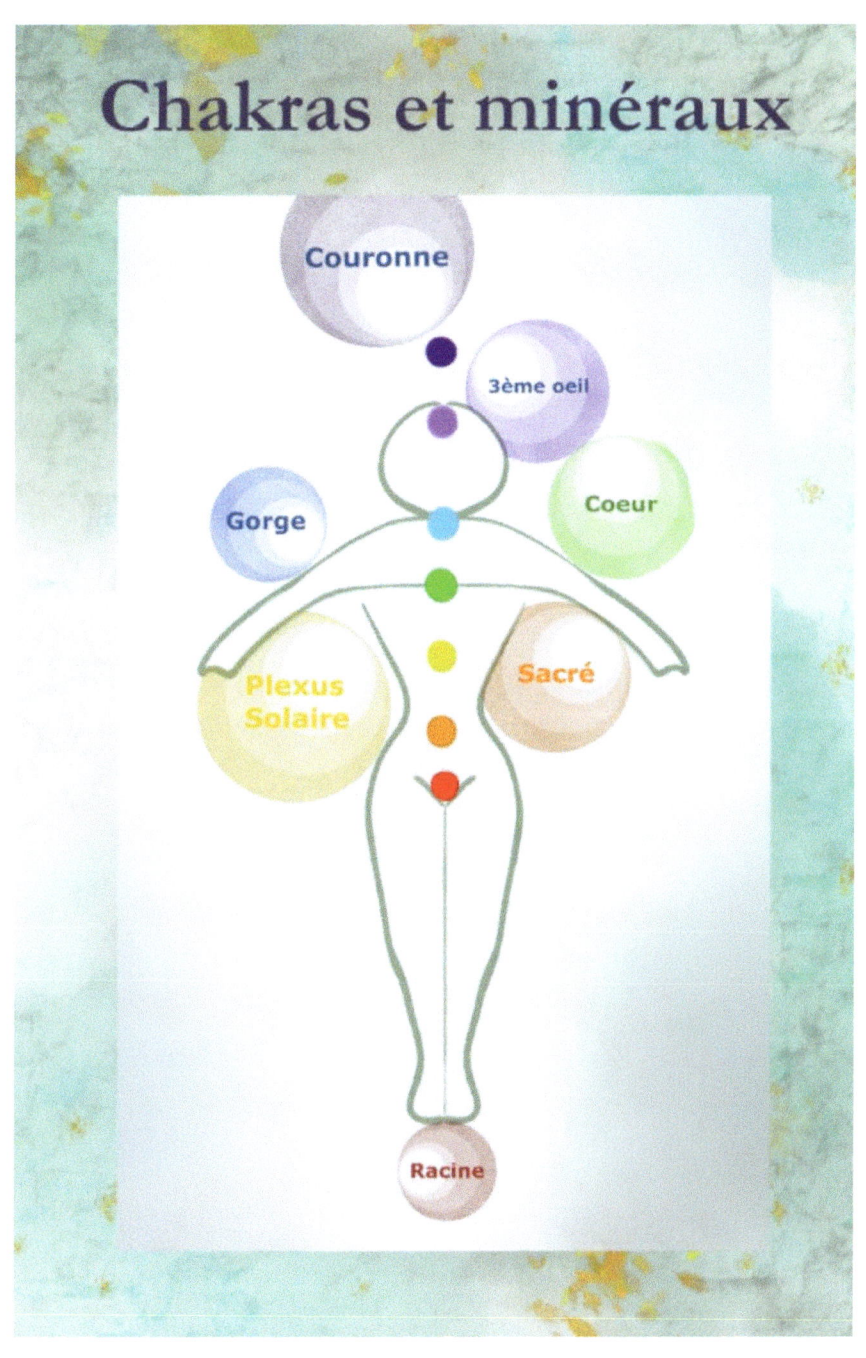

Liste de minéraux

Voici une liste de certains minéraux fréquemment employés en Reiki, ainsi que leurs chakras correspondants pour les auto-traitements lors des variations de la Lune :

Quartz rose :
- Place un quartz rose sur le chakra du cœur afin de favoriser l'amour sans conditions, la compassion et l'équilibre émotionnel.

Améthyste :
- Applique une améthyste sur ton chakra coronal afin de favoriser la spiritualité, la connexion avec l'univers et l'équilibre mental.

Citrine :
- Dépose une citrine sur ton plexus solaire afin de renforcer la confiance en toi, la créativité et la concrétisation de tes aspirations personnelles.

Œil de tigre :
- Place un œil de tigre sur ton chakra racine afin de renforcer l'attachement à la terre, la protection énergétique et ta puissance intérieure.

Sodalite :
- Place une sodalite au niveau de ton chakra de la gorge, elle permettra de favoriser une communication claire et une expression authentique.

Obsidienne noire :
- Pendant les auto-traitements Reiki, je te recommande de placer une obsidienne noire sur ton chakra racine afin de favoriser la libération des énergies négatives, la protection énergétique et l'ancrage à la terre.

Aventurine verte :
- Place une aventurine verte sur ton chakra du cœur afin de promouvoir la guérison émotionnelle, le développement spirituel et l'ouverture à l'amour total.

Lapis-lazuli :
- Place un lapis-lazuli sur ton chakra de la gorge pour stimuler la communication authentique, l'expression créatrice et la clarté spirituelle.

Cornaline :
- Place une cornaline sur ton chakra sacré afin de stimuler la créativité, la passion et l'harmonie des sentiments.

Il est possible d'utiliser ces minéraux afin de renforcer les avantages des auto-traitements Reiki pendant les cycles lunaire en les appliquant sur les chakras appropriés. Veille à faire un nettoyage et une recharge régulière de tes cristaux afin de préserver leur énergie optimale.[3]

---

[3] A titre personnel, je fais confiance à Catherine T. pour l'acquisition de mes minéraux. Nous avons, d'ailleurs, mis en place ensemble des ateliers centrés sur l'intuition, thématique qui nous passionne. Vous pouvez la suivre et échanger avec d'autres passionnés sur le groupe Facebook "Cathy Pierres et Créations".

Eau de Lune

L'eau lunaire est une eau qui contient une énergie lunaire, produite en exposant de l'eau à la lumière de la pleine lune. Cette pratique découle de la conviction selon laquelle la lumière de la lune peut enrichir l'eau de ses excellentes propriétés énergétiques.

Voici un exemple de méthode pour produire et employer de l'eau de lune :

- **Sélectionne un contenant :**
    Pour la conservation de l'eau, utilise un contenant en verre ou en cristal, transparent et propre.

- **Ajoute de l'eau dans le récipient :**
    Ajoute de l'eau filtrée ou distillée. Veille à ce que le récipient soit hermétique afin d'éviter toute propagation de maladies.

- **Laisse le récipient d'eau à l'extérieur toute la nuit** :
  Laisse le récipient d'eau à l'extérieur, exposé à la lumière de la pleine lune. Cette pratique doit être commencée juste avant la pleine lune afin de saisir son énergie maximale.

- **Récupère l'eau le matin** :
  Un matin, au lever du soleil ou peu après, prends le contenant d'eau de lune. Avant que le soleil ne se lève entièrement, veille à le retirer dans le but d'éviter toute contamination par les rayons du soleil.

- **Charge-la** :
  Avant de consommer l'eau de lune, il est possible de la charger avec tes intentions ou du Reiki. Concentre-toi sur tes intentions tout en tenant le récipient d'eau dans tes mains, et imagine l'énergie de la lune qui apporte ses bienfaits à l'eau.

- **Incorpore l'eau de lune dans tes pratiques spirituelles** :
  L'eau de lune peut être employée dans différentes pratiques spirituelles, telles que le Reiki, la méditation, la purification des cristaux, les rituels de guérison et les rituels de Bénédiction. Pour stimuler leur croissance et leur vitalité, il est possible d'utiliser de l'eau de lune pour arroser tes plantes.

- **Effectue un nettoyage et une purification avec l'eau de lune :**

    Utilise cette eau pour nettoyer et purifier les objets, les cristaux ou les lieux. Il est possible de diffuser de l'eau de lune autour de soi ou sur des objets afin de supprimer les énergies négatives et les purifier.

- **Incorpore l'eau de lune dans ton bain :**

    Pour bénéficier de ses vertus apaisantes et purifiantes. Cela peut te permettre de te relaxer et de renouer avec ton être intérieur. Il convient de souligner que l'eau de lune ne doit pas être ingérée, à moins qu'elle ne soit spécialement préparée pour cet usage et que les précautions nécessaires aient été prises.

Conclusion

En résumé, ce livre a été élaboré dans le but de te faire vivre les variations de la lune en incorporant les techniques de Reiki dans ta vie quotidienne. En saisissant les différentes phases lunaires et leur impact sur tes émotions et ton bien-être, ainsi que les méthodes de Reiki pour traverser ces transitions, tu disposes désormais des ressources nécessaires pour développer un état de bien-être global.

Que ce soit à travers des auto-traitements Reiki, l'utilisation de l'eau de lune pour renforcer ton énergie, la méditation sur un mantra pendant les phases lunaires ou l'intégration de cristaux dans ta pratique, tu as la capacité de te connecter à ton essence la plus profonde et de t'aligner avec les énergies universelles.

Que chaque évolution de la lune représente une occasion de développement, de transformation et de guérison. En respectant ces cycles naturels et en travaillant en accord avec eux, il est possible de développer un sentiment de sérénité intérieure, de connexion spirituelle et de bien-être durable.

Que la lumière de la lune oriente ton parcours vers une existence remplie de bien-être, de joie et de satisfaction. Je te remercie d'avoir suivi ce voyage avec moi.

Que la sagesse ancienne de la lune et la puissance régénératrice du Reiki illuminent ton parcours.

Sandrine Lardeux

Postface

En conclusion de cette exploration des auto-traitements Reiki pendant les changements de lune, je tiens à exprimer ma gratitude pour ton engagement envers ta propre guérison et ta croissance personnelle. N'oublie jamais que la force réside en toi. Bien que l'accompagnement d'un thérapeute puisse être utile, voire nécessaire, nous ne devons jamais remettre notre vie et nos aspirations entièrement entre les mains de quelqu'un d'autre. Le Reiki est un outil précieux de soutien et d'harmonisation, mais il est important pour moi de rappeler qu'**il ne remplace pas les soins médicaux appropriés**.

Que les enseignements contenus dans ce guide continuent à éclairer ton chemin et à nourrir ton esprit, ton corps et ton âme.

Remerciement

Je tiens à exprimer ma profonde gratitude envers mon mari, mes enfants, ma famille et mes amis, qui ont toujours été à mes côtés, me soutenant dans toutes mes entreprises. Leur amour, leur soutien et leur encouragement inconditionnels m'ont donné la force et la confiance nécessaires pour poursuivre mes rêves. Leur présence a été une source de réconfort et d'inspiration tout au long de ce voyage, et je leur suis infiniment reconnaissante.

Je souhaite également exprimer ma gratitude à tous mes élèves Reiki, qui enrichissent ma vie de leur présence et de leur engagement envers leur propre croissance personnelle. C'est un privilège et une joie de vous accompagner dans votre parcours de découverte et de transformation. Votre ouverture d'esprit, votre détermination et votre confiance sont une source constante d'inspiration pour moi. Merci de m'avoir accordé votre confiance et de me permettre de partager ma passion avec vous. C'est grâce à vous que je suis animée par le désir de continuer à créer de nouvelles formations en développement personnel, dans l'espoir de vous aider à atteindre de nouveaux sommets dans votre vie.